España

impresiones de un país

by Robert P. Clarke

Language consultant:
R. Sala, University of Bradford

Designer:
Chris Williamson

E. J. Arnold & Son Limited, Leeds

¿Dónde está España?

España es una península que se encuentra en el sudoeste de Europa. Como se ve en el mapa, está en una posición muy importante en la geografía del mundo. Mira hacia América por el Océano Atlántico, y los españoles han sido grandes exploradores y navegantes. Africa está a una distancia de veinte kilómetros por el Estrecho de Gibraltar, y la influencia árabe contribuyó bastante a la formación del carácter español, sobre todo en el sur del país. Controla la entrada al Mar Mediterráneo por el Estrecho de Gibraltar y, hace unos siglos, España tenía todo un imperio entre los países del Mediterráneo. Hacia el norte, los Pirineos separan España del resto de Europa, pero muchas veces los españoles han cruzado estas montañas para afectar* la historia de Europa, sobre todo en los siglos dieciséis y diecisiete.

afectar *influence*

Dunmore
Irlanda
Dublin
Montes del Merry
Mar de Irlanda
Mar del Norte
Skag
Ms Peninos
Canal de S. Jorge
Macizo del País de Gales
Llanura Inglesa
Gº de Whas
Zuiderzee
Archipº Frisón
C. Lands End
Is Scilly
R. Támesis
Londres
Paso de Calais
Amsterdam
Canal de la Mancha
C. Sn Mateo
R. Ems
Llanura
R. Weser
R. Rhin
R. Mosa
Altos de Bretaña
R. Sena
París
R. Marne
R. Mosela
R. Loira
R. Main
Sena
Meseta de Langres
Alpes de Suabia
Mar Cantábrico
Selva Negra
Macizo Central Francés
Lº Jura
Lº Leman
Berna
Lº Boden
Burdeos
R. Garona
R. Dordoña
R. Ródano
S. Gotardo
Centrales
Cantábricos
Península
Duero
Pirineos
Cevennes
Mte Blanco 4810
Lº Mayor
Lº Como
R. Ebro
Ibérico
R. Ródano
Alpes
Milán
Lº Garda
P. de Corlitte
Madrid
Gº de León
R. Po
Mar Adriático
Sistema
C. de Creus
Gº de Génova
Península Italiana
Apeninos
Barcelona
Córcega
R. Júcar
Est. de Bonifacio
I. de Elba
C. de la Nao
Baleares
Roma
C. de Palos
R. Tíber
C. de Gata
Cerdeña
Mar Tirreno
Vesubio
Mar Mediterráneo
Argel
Is Lipari
Etna
Sicilia
A F R I C A

¿Cómo es España?

España es un país de enormes contrastes, y hay más cambios en el paisaje* que en ningún otro país de Europa. El viajero que entra en España por el norte se encuentra en una región de montañas bastante altas y paisaje verde y fértil. Por la costa norte del país corre la Cordillera Cantábrica con los famosos Picos de Europa al sur de Santander. Los Picos, llamados así porque eran las primeras montañas que veía sobre el horizonte el marinero que volvía del Nuevo Mundo, suben a una altura de más de 2.500 metros y tienen nieve permanente en las cumbres*.

Los Pirineos, que forman la frontera entre España y Francia, son también bastante altos con picos que suben hasta más de 3.000 metros. Estas montañas forman una barrera* entre los dos países y han protegido* España de invasiones extranjeras y también de influencias europeas. Quizá por esto Dumas dijo: "Africa empieza en los Pirineos."

Luego, en su viaje hacia el sur, el viajero tiene que subir a la Meseta Central, una enorme llanura* que cubre casi la mitad* del país. España es un país muy alto, con una altura media sobre el nivel del mar* de 650m, y por todas partes en la Meseta Central hay montañas. Al norte de Madrid se encuentra la Sierra de Guadarrama, que con la Sierra de Gredos forma la

Cordillera Central que tiene picos de más de 2.500 metros de altura. En invierno los habitantes de Madrid van a la Sierra de Guadarrama a esquiar* los fines de semana.

Un poco al sur de Madrid están los Montes de Toledo que no son muy altos y sólo suben a una altura máxima de 1.500 metros. En el sur del país se encuentra la Sierra Nevada, que se llama así porque las cumbres están siempre cubiertas de nieve. En esta sierra está el pico más alto de España, el Pico de Mulhacén que tiene 3.478

paisaje *countryside*
cumbres *summits*
barrera *barrier*
protegido *protected*
llanura *plateau*
mitad *half*
nivel del mar *sea level*

esquiar *ski*

ıetros de altura.

Entre las montañas hay valles muy nchos donde el suelo es fértil y donde e cultivan el trigo, el maíz y las uvas. varias partes del país llevan nombres ıue indican los productos que allí se ultivan como, por ejemplo, la Tierra lel Vino, al norte de Salamanca y la 'ierra del Pan, donde se cultiva el igo, cerca de Zamora. Pero gran parte le la Meseta Central es estéril,* y la nayoría de los cultivos españoles se ›roducen en las zonas fértiles de la :osta.

·stéril *infertile*

Todo el país de España se inclina un poco hacia el oeste y, por esta razón casi todos los ríos importantes corren hacia el oeste y desembocan* en el Océano Atlántico. El río más largo del país es el Tajo que tiene 1.008 kilómetros de largo, nace* al este de Madrid y desemboca en el puerto portugués de Lisboa. El Guadiana tiene 820 kilómetros de largo, nace al este de los Montes de Toledo y desemboca en el Golfo de Cádiz; el Duero que tiene 770 kilómetros de largo nace en las montañas de Soria, corre por la Tierra del Pan y desemboca en el puerto de Oporto, y el Guadalquivir, que tiene 560 kilómetros de largo, nace en las montañas al este de Córdoba, corre por la ciudad de Sevilla y desemboca en las Marismas cerca de Cádiz.

El único río importante de España que desemboca en el Mar Mediterráneo es el Ebro, que nace en la Cordillera Cantábrica, corre por Zaragoza y termina cerca de Tarragona en un delta muy grande.

Si los ríos no sirven para la navegación, porque no son muy profundos y no tienen mucha agua en los meses de verano, sí que tienen dos usos muy importantes en la vida española: el riego* y la producción de electricidad. En casi todas partes del país hay pantanos* en los ríos. El agua sirve para producir electricidad en centrales* hidroeléctricas, y también para regar los campos.

desembocan *flow into*
nace *rises*
riego *irrigation*
pantanos *dams*
centrales *power stations*

¿Qué tiempo hace en España?

No hace siempre sol en España. En el norte llueve bastante; los inviernos son largos y bastante fríos, y en el verano hace un tiempo muy parecido* al tiempo de una ciudad de la costa sur de Inglaterra. Es decir, hace bastante calor, pero también llueve a veces y hay días en que el sol no sale de detrás de las nubes.

El clima del centro del país se llam "continental"; hace mucho calor en e verano y mucho frío en el invierno. L primavera y el otoño casi no existen, y el tiempo cambia rápidamente del frío de invierno al calor de verano en unos pocos días.

En la costa del Mediterráneo y en e sur del país no hace frío en el invierno pero hace mucho calor en el verano Los turistas van a estas partes del país en busca del sol. No llueve mucho en e sur y hay sitios alrededor de Murcia y Almería donde sufren una sequía* cas permanente.

parecido similar

sequía *drought*

Quiz

Answer the following questions:

1. Why have the Spaniards been important explorers?
2. Where is Arabic influence most seen in Spain?
3. When did the Spaniards influence European history most?
4. What sort of landscape is found in the North of Spain?
5. How did the "Picos de Europa" get their name?
6. Why was it said: "Africa begins at the Pyrenees"?
7. What is the "Meseta Central"?
8. Where is the "Sierra de Guadarrama" and what use do the Madrilenians make of it?
9. Why is the "Sierra Nevada" so called?
10. Where are most agricultural products grown in Spain, and why?
11. Why do most Spanish rivers flow into the Atlantic Ocean?
12. Which is the longest Spanish river?
13. Which river is navigable?
14. Why are not all the rivers navigable?
15. What are the rivers used for?
16. What is the weather like in the North of Spain?
17. What is a "continental" climate?
18. Where do tourists go in Spain, and why?
19. Does it rain often in southern Spain?
20. What is the weather like around Murcia and Almería?

¿Cuántas regiones tiene España?

Hace muchísimos años había muchos pequeños reinos* independientes en España, cada uno con su rey. Cuando el país se unificó* bajo un solo rey, los antiguos reinos quedaron como regiones de España. En el noroeste se encuentran Galicia y Asturias. Castilla la Vieja se extiende desde la costa norte hasta el centro del país. Las Vascongadas y Navarra, Aragón y Cataluña están en el nordeste y su límite del norte forma la frontera con Francia. En el centro del país están León, Castilla la Nueva, y Valencia; y Andalucía y Murcia están en el sur. Cada región se divide en varias provincias, y las distintas regiones tienen las provincias siguientes:

reinos *kingdoms* unificó *united*

Andalucía	8
Castilla la Vieja	8
Castilla la Nueva	5
Cataluña	4
Galicia	4
Aragón	3
León	3
Las Vascongadas	3
Valencia	3
Extremadura	2
Murcia	2
Asturias	1
Navarra	1

¿Se habla español en España?

El español que se enseña en los Institutos y colegios de la Gran Bretaña es propiamente* el castellano. Todos los españoles hablan y entienden el castellano, pero hay tres otros idiomas que también se hablan en España. El catalán es el idioma que se habla en Cataluña y las Islas Baleares. Varias veces en la historia de España el gobierno de Madrid ha tratado de suprimir* el catalán porque los catalanes han querido formar un país independiente en Cataluña, y su idioma ha sido el símbolo del espíritu separatista. Después de la Guerra Civil (1936-1939), el gobierno de Franco suprimió el uso del catalán en la prensa*, los colegios y las iglesias de Cataluña, pero era imposible suprimirlo en las casas. Los catalanes siguieron hablando su propio idioma y hoy día el catalán se admite otra vez en la vida de la región.

Los vascos, que viven a los dos lados de la frontera francesa, hablan vascuence o éuskara, como lo llaman ellos. El vascuence no se parece en nada al castellano. Es un idioma, en efecto, que no se parece a ningún otro del mundo, y hay quienes creen que es el idioma original de España que se hablaba antes de llegar los romanos. Es un idioma tan difícil de aprender que hay una leyenda que dice que el diablo tuvo que aprenderlo como castigo*. ¡Y "éuskara", el nombre que los vascos dan a su idioma, significa "hablar claro"!

Los gallegos viven en Galicia y tienen su propio idioma que se llama gallego. Se parece mucho al portugués, y un día desaparecerá porque sólo los viejos y la gente del campo lo hablan, no tiene una literatura floreciente* como el catalán y tampoco se enseña en los colegios de la región.

El español no sólo se habla en España sino también en casi todos los países de América del Sur adonde fueron los españoles en los siglos quince y dieciséis. Por eso hay más de ciento setenta y cinco millones de gente en el mundo que hablan español.

¿Cuántos españoles hay, y dónde viven?

Hay más de treinta y cinco millones de españoles. Hace muchos años la mayoría de los españoles vivían y trabajaban en el campo pero, a partir de* los años treinta, más y más fueron a vivir en las grandes ciudades. Hoy más del veinte por ciento de los españoles viven en dos ciudades, Madrid y Barcelona, y cada una de estas ciudades tiene más de tres millones de habitantes.

Después de las ciudades principales, que son Madrid, Barcelona, Valencia, Sevilla, Málaga, Zaragoza y Bilbao, las partes de España con más habitantes son las Vascongadas y las costas fértiles del Mar Mediterráneo.

También hay muchos españoles que no viven en España sino en varios países de Europa, sobre todo en Alemania. Más de un millón tuvieron que salir de su país a buscar trabajo en las fábricas de Alemania y de

propiamente *actually*
suprimir *suppress*
prensa *press*
castigo *punishment*
floreciente *flourishing*
a partir de *from*

Francia. Dejaron las regiones pobres del país, sobre todo Andalucía y Extremadura, y se marcharon a países extranjeros donde los alemanes o los franceses no les tratan muy bien, donde no les gusta ni la comida ni el clima y donde no pueden hablar con nadie porque no comprenden el alemán o el francés. Pero, económicamente, estos obreros desterrados* son muy útiles. No sólo ayudan a la economía alemana sino también a la española porque mandan muchísimo dinero a España todos los años, lo que reduce el déficit en la balanza de pagos española. Pero, ¡qué manera de ganar dinero!

desterrados *exiled*

Quiz

Answer the following questions:

1. What is the origin of the regions of Spain?
2. Where is "Castilla la Vieja"?
3. Which regions border on France?
4. What sort of "Spanish" are you learning?
5. How many other languages are spoken in Spain?
6. Where is Catalán spoken?
7. Why has the central government tried to suppress Catalán from time to time?
8. What do some people think the Basque language is?
9. How do you know Basque is difficult to learn?
10. Are all Basques Spanish?
11. What does their name for their language mean?
12. Which language does "gallego" resemble?
13. Why will "gallego" disappear one day?
14. Where else is Spanish spoken?
15. How many Spanish speakers are there in the world?
16. Where did most Spaniards live some years ago?
17. What proportion of the total Spanish population lives in Madrid or Barcelona?
18. Apart from these two cities, which are the most populated parts of Spain?
19. Why do so many Spaniards work abroad, and where do they go?
20. Why are these workers important to the Spanish economy?

Una manzana de pisos

¿Cómo son las casas de los españoles?

"Estoy en mi casa y aquí mando yo" dice la mujer española, pero, en realidad, la casa no es tan importante para los españoles como lo es para los ingleses. Los españoles viven en la calle, en los bares y las cafeterías, y comen y duermen en casa. Por eso un español se aburre muy pronto en una ciudad inglesa donde encuentra las calles y las plazas tristes y vacías* a partir de las nueve o las diez de la noche.

La mayoría de los españoles viven en pisos en las ciudades grandes del país y la casa particular* con un jardín casi no existe. Hoy en día se construyen manzanas* de pisos muy altos que llegan a ser rascacielos* en algunos casos, pero todavía faltan* miles de pisos en las ciudades grandes, y el problema de la vivienda* preocupa a todos.

En el campo hay varios tipos de casa rural, cada tipo determinado por el clima, el suelo, el material de construcción y la riqueza del dueño. En el norte, donde llueve mucho, las casas tienen techos a dos vertientes* muy pronunciadas para que discurra* muy fácilmente la lluvia. También hay pequeñas construcciones independientes que se llaman "hórreos" y que sirven de granero* para el maíz, que se cultiva mucho en Asturias y Galicia. Los hórreos están sobre cuatro o seis pilares y se construyen así para defender el maíz de la humedad* y también de las

vacías *empty*
particular *private*
manzanas *blocks*

rascacielos *skyscapers*
faltan *are needed*
vivienda *housing*
vertientes *slope*
discurra *run off*
granero *granary*
humedad *damp*

Un hórreo

Spanish National Tourist Office

Una barraca

ratas y ratones que no pueden subir por los pilares. En efecto, las piedras grandes que se encuentran encima de los pilares se llaman "tornaratas".

En las Vascongadas se encuentran casas de campo muy grandes que se llaman "caseríos". Estas casas son de dos pisos; en la planta baja se hallan las cuadras*, donde viven los animales de la granja, y en la planta principal están los dormitorios. En el invierno, el calor de los animales sube y calienta un poco la planta principal; un sistema de calefacción central bastante primitivo y que no huele muy bien.

En las huertas de Valencia y Murcia se hallan las barracas. Estas casas no son muy grandes porque la tierra de la huerta es muy fértil y cada metro vale mucho dinero. Para no perder demasiada tierra, la casa se hace pequeña, y naranjos, limoneros, higueras* y parras* la rodean* por todos lados.

cuadras *stables*
higueras *fig trees*
parras *vines*
rodean *surround*

La casa se hace de cañas* y barro*; las paredes son blancas y el techo es de paja o ramaje. En el techo se suele colocar una pequeña cruz de madera que ayuda a traer buena suerte al dueño.

En Andalucía existen dos tipos de casa de campo. La casa popular andaluza, copia de la casa árabe, es de un solo piso, pintada de blanco y tiene un corral muy grande donde viven las gallinas y los cerdos.

El cortijo, que también se encuentra en Andalucía, es la vivienda de un hombre muy rico que tiene terrenos muy grandes que se llaman "latifundio". El cortijo suele tener varios corrales y un patio muy grande con pozos* adornados y muchas plantas verdes. Hay unos cortijos que tienen hasta una pequeña torre que les da el aspecto* de un monasterio. El dueño vive en una parte del cortijo, los obreros o

cañas *sticks*
barro *mud*
pozos *wells*
aspecto *appearance*

Una masía catalana

Un cortijo andaluz

"braceros" viven en otra y hay cuadras para los caballos y otros animales en otra parte. Un cortijo grande es como un pequeño pueblo, y hay cortijos donde viven más de cien personas.

En Cataluña la casa de campo se llama masía, y se parece un poco a algunas villas romanas. En la planta baja están la cocina y las cuadras para los animales; en el primer piso la sala de estar y los dormitorios, y encima de todo, el desván* que sirve de granero.

A pesar de tener varios tipos de casa rural, hay españoles que viven en cuevas*. ¿En cuevas? Sí. Hace muchos siglos el español prehistórico vivió en cuevas como las que se encuentran en el norte del país, las Cuevas de Altamira, donde dejó sus esqueletos, sus armas de piedra, restos de su comida y sus maravillosas pinturas*. Y ahora, después de tantos siglos, cuando el español moderno sabe construir rascacielos, hay algunos que prefieren vivir en cuevas como sus antepasados*. Las cuevas donde viven son muy cómodas; frescas en el verano cuando hace mucho calor, y protegidas del frío del invierno por las rocas. Y si el dueño necesita otro dormitorio, sólo tiene que coger el pico* y hacerse uno. Las cuevas más famosas son quizá las del Sacromonte de Granada, donde viven los gitanos. Muchos turistas visitan las cuevas cada año y los gitanos les entretienen con el baile y la música flamencos.

desván *attic*
cuevas *caves*
pinturas *paintings*
antepasados *ancestors*
pico *pickaxe*

¿Cómo viajan los españoles?

Muchos van en coche, y hay más de cinco millones de vehículos matriculados en España, entre ellos los grandes camiones de las compañías de transporte, los autobuses y los autocares y los coches particulares. Durante muchos años el coche más vendido en España era el Seat 600, un coche pequeño y muy económico como el Mini en Inglaterra. Había muchos conductores en las carreteras que no sabían conducir muy bien y esto, junto con* la tendencia española a no ceder el paso* a nadie, causaba muchos accidentes. También las carreteras eran bastante malas con muchas curvas peligrosas, muchos baches* en la calzada* y muchas cuestas muy abruptas y todas estas cosas también causaban accidentes.

Pero ahora en España hay una red de carreteras nacionales. Estas carreteras salen todas de Madrid y llevan a los viajeros a las ciudades grandes e importantes de la costa. También hay autopistas* tan buenas como las mejores de Europa, excepto que no son libres como las autopistas inglesas y hay que pagar para ir por ellas.

Los que no tienen coche cogen el tren. La RENFE (Red Nacional de Ferrocarriles Españoles) es una compañía nacionalizada desde el año 1941 y, como la compañía inglesa, no es muy popular entre los españoles, que la critican ferozmente*. Hace muchos años había historias exageradas de los trenes y los atrasos* que llevaban.

"Hay trenes en este país," decían los que criticaban la Renfe, "que van tan lento, tan lento que se puede bajar del primer vagón, coger uvas de los viñedos que hay al lado de la vía y subir otra vez al último vagón." Y también decían: "Hay trenes que corren tan despacio que se puede bajar del primer vagón,

junto con *together with*
ceder el paso *give way*
baches *potholes*
calzada *roadway*
autopistas *motorways*
ferozmente *fiercely*
atrasos *delays*

oír misa en un pueblo cercano y subir otra vez al último vagón." Pero, éstas eran las historias exageradas de los pocos cínicos* que hay entre los españoles, y la Renfe nunca era tan mala como la pintaban*.

En efecto, el mejor tren de la Renfe, el Talgo, figura entre los mejores y los más cómodos de toda Europa. Talgo significa "Tren Articulado Ligero Goicoechea Oriol" y es un tren con aire acondicionado que se utiliza en las rutas principales de la red. Para viajar en este tren y algunos otros de la Renfe hay que pagar un suplemento.

Los que critican la Renfe no se dan cuenta de que la compañía tiene enormes problemas y dificultades. España, como ya sabemos, es un país de altas montañas que ofrecen grandes obstáculos para las comunicaciones y transporte. Todas las grandes líneas tienen que atravesar* varios sistemas montañosos donde hay que construir muchos puentes y túneles y salvar* muchas curvas y pendientes. Al calcular todos los gastos y obstáculos que hay que vencer para construir la vía de ferrocarril en España, resulta que* un kilómetro llega a ser doscientos cuarenta metros más largo que, por ejemplo, en Francia. Es decir, para construir una vía de ferrocarril entre dos pueblos uno a un kilómetro del otro hay que hacer mil doscientos cuarenta metros de vía.

Otro problema que tienen los ingenieros de la Renfe es la anchura* de la vía. En España la vía tiene 1,67 metros de ancho mientras que en Francia y el resto de Europa tiene 1,44 metros. Hace muchos años los españoles decidieron hacer la vía más ancha para impedir* las invasiones extranjeras. Ahora es difícil cruzar la frontera entre Francia y España en tren, y la mayoría de los viajeros tienen que cambiar de tren en Irún. Pero, gracias al invento de Goicoechea Oriol, el que inventó el Talgo, hay un sistema en la frontera para cambiar la anchura de las ruedas del tren y se puede viajar desde París hasta Madrid sin tener que cambiar de tren en la frontera. Pero, claro, sería imposible cambiar todas las vías de ferrocarril en todo el país para hacerlas más estrechas porque costaría millones de pesetas por kilómetro.

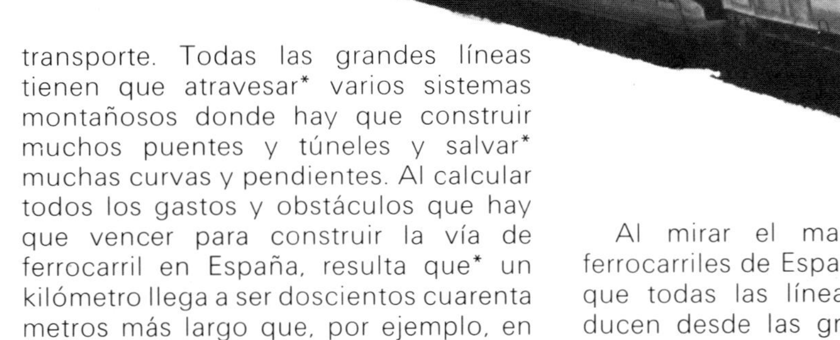

Al mirar el mapa de la red de ferrocarriles de España se ve en seguida que todas las líneas principales conducen desde las grandes ciudades de la costa hasta Madrid. "Todos los trenes mueren en Madrid" dicen los españoles. ¡Otro problema para los ingenieros de la Renfe! Es fácil viajar desde Barcelona hasta Madrid, y muy difícil ir desde Badajoz hasta La Coruña sin pasar por Madrid.

cínicos *cynical people*
pintaban *portrayed* salvar *go round*
atravesar *cross* resulta que *the result is that . .*
anchura *width* impedir *stop*

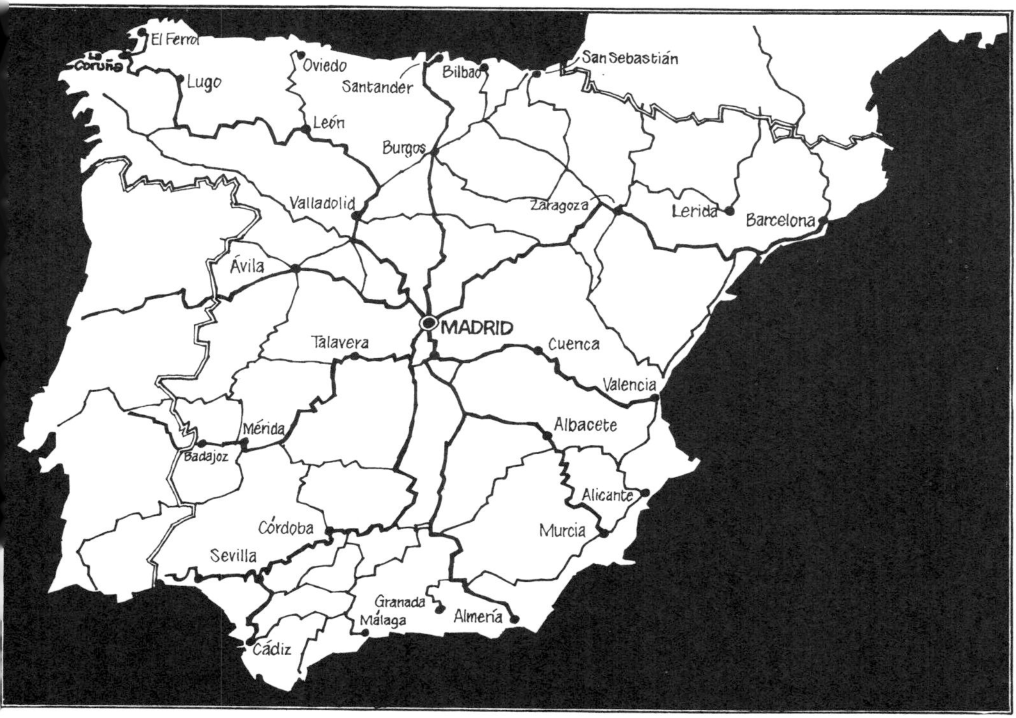

Mapa de los ferrocarriles españoles

El Talgo

Un tren pasa por las montañas

Quizá por todas estas razones, hay casi siempre más viajeros en España que asientos en los trenes. El que quiere viajar no puede ir a la estación a coger el tren. Tiene que sacar el billete antes en una oficina de la Renfe o en la estación y sacar también una reserva para su asiento. No se puede subir al tren sin reserva, sobre

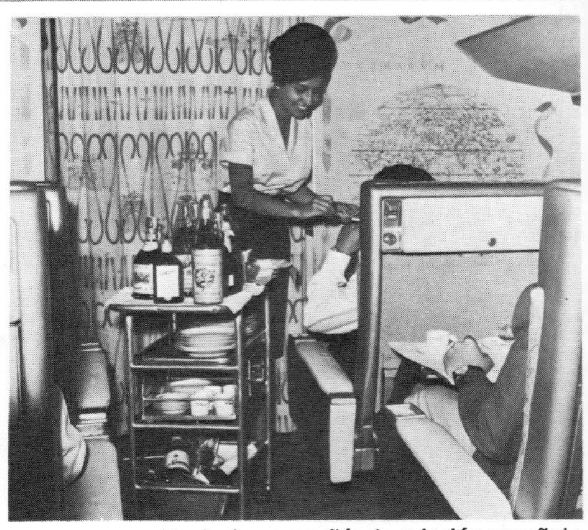

Iberia, la compañía de aviación española

todo al Talgo u otro tren de las líneas principales.

Los que no quieren coger el tren porque tienen mucha prisa (y también mucho dinero) cogen el avión. La compañía nacionalizada de aviación se llama Iberia. Tiene más de noventa aviones que cada año llevan a más de dieciocho millones de viajeros a casi todos los países del mundo. Hace unos años Iberia tenía un lema* publicitario que decía: "Donde sólo el avión recibe más atenciones que usted", y era verdad que las azafatas* siempre atendían muy bien a los viajeros y lo siguen haciendo. Hay cuarenta y dos aeropuertos en España y un servicio muy bueno de vuelos* internos. A veces es más fácil coger el avión que el tren, aunque, claro, cuesta mucho más.

¿Viajan los españoles por los muchos ríos que hay en el país? ¿Llevan mercancías de una ciudad a otra en barcazas*? No, porque los ríos no son navegables, y solamente tres pueden ser utilizados como vías de transporte. En estos tres casos los tres ríos se han canalizado* para dejar pasar barcos grandes. El Canal Fernandino, de cien kilómetros, hace navegable el Guadalquivir desde Sevilla al mar hasta para barcos de seis mil toneladas. El de Campos, de doscientos ocho kilómetros, pasa por las provincias de Palencia y Valladolid, y el Imperial corre de Fontellas hasta Zaragoza en el río Ebro.

lema *slogan*
azafatas *air hostesses*
vuelos *flights*

barcazas *barges*
canalizado *made into canals*

Quiz

Answer the following questions:

1. Is there a phrase in English similar to "Estoy en mi casa y aquí mando yo"?
2. What do Spaniards think of English towns in the evenings?
3. What sort of housing do most Spaniards have?
4. What determines the type of country housing found in Spain?
5. What are the roofs of houses in the north of Spain like?
6. What is a "hórreo" used for?
7. Why are there flat stones at the top of the pillars supporting the "hórreo"?
8. How do the farm animals help in heating the "caserío"?
9. Why is the "barraca" usually a small house?
10. Where is a "cortijo" found, and what is it?
11. Where is grain stored in a Catalan "masía"?
12. Why does a cave make a good dwelling place?
13. What does the cave dweller do if he wants an extra bedroom?
14. Who are the most famous cave dwellers in Spain?
15. Which car used to be the most popular in Spain?
16. What caused lots of accidents in Spain?
17. How do Spanish motorways differ from the English ones?
18. Recount briefly the more exaggerated tale about the slowness of RENFE trains.
19. How many metres of track must the RENFE build to link two places 1 kilometre apart?
20. Why did the Spaniards choose a track wider than the European ones?
21. What must you do before catching a train in Spain?
22. What was Iberia's slogan a few years ago?
23. Why do the Spaniards not use the rivers for transport purposes?
24. Which rivers can they use and why?
25. Where is the Canal Fernandino?

¿Trabajan mucho los españoles?

Los españoles tienen fama de ser muy perezosos, de pasar la vida tomando el sol, bebiendo vino y jugando al dominó. Pero esto no es más que una parte de la "leyenda* negra", esa ficción que los extranjeros crearon* hace muchísimos años, y, en efecto, los españoles trabajan mucho.

el pluriempleo

o el hombre que trabajaba en tres sitios

Don Mariano Pascual se levantó de la cama, cruzó la habitación y miró por la ventana que daba a la calle. Hacía buen día y decidió ir andando a la oficina para no tener que gastar dinero en el Metro. Se vistió muy deprisa y tomó el desayuno corriendo porque eran ya las ocho menos cuarto de la mañana y tenía que estar en la oficina antes de las ocho y media. Ahora hacían "jornada intensiva" en el Ministerio; empezaban a trabajar a las ocho y media y seguían trabajando sin descanso hasta las tres de la tarde. Don Mariano salió de su casa en la calle de Diego de León, bajó casi corriendo por la calle de Serrano y subió hasta la Plaza Marqués del Duero. En la plaza le vio un amigo suyo que tenía coche y le llevó hasta la oficina en los Nuevos Ministerios.

En la oficina le esperaba el jefe con unos papeles en la mano. Don Mariano era contable* y trabajaba en el departamento de contabilidad, donde pasaba el día sumando* listas de cifras* de los gastos del Ministerio de Obras Públicas. Un día sumaba los gastos del nuevo Parador de Palencia; otro, lo que costaba renovar* un palacio en Sevilla; y otro, los gastos de la visita de un grupo de estudiantes americanos a las ruinas de Itálica, cerca de Sevilla. Don Mariano hacía todo este trabajo porque en el departamento no había máquinas de calcular. Al mismo tiempo veía mucho mundo sin salir de la oficina porque un día consideraba los problemas de la provincia de Santander y al

sumando *adding up*
cifras *figures*
renovar *renovate*
leyenda *legend*
crearon *created*
contable *accountant*

día siguiente ponía todo su interés en los gastos del nuevo puente sobre el río Tambre en Galicia.

El jefe parecía estar de mal humor e hizo entrar a don Mariano en su despacho particular. El jefe se sentó detrás de su mesa, pero dejó a don Mariano de pie como si fuese un niño malo.

—Mariano – dijo el jefe –, acabo de mirar su trabajo de ayer y hay cinco faltas. En realidad el jefe no había mirado nada porque no entendía nada del trabajo del departamento y era jefe sólo porque tenía amigos importantes en el ministerio; pero otro empleado había mirado el trabajo de don Mariano y había encontrado las faltas.

—Lo siento, don Gonzalo – dijo don Mariano –, lo volveré a hacer.

—Sí, señor – gritó don Gonzalo –. Usted lo volverá a hacer pero no en las horas de oficina. Ya le hemos pagado este trabajo y lo repetirá usted en sus horas libres. Y hay que tener mucho más cuidado con lo que hace, Mariano, porque lo que hace usted ahora es robar. Eso es precisamente lo que hace; como si fuera un ladrón vulgar. Usted cobra aquí sin dar golpe* y eso no puede continuar.

—Don Gonzalo – dijo don Mariano –, usted no tiene derecho a hablarme así. A veces hago faltas en mi trabajo, como todo el mundo, pero no soy ladrón, mientras que usted . . .

—¿Qué? – preguntó don Gonzalo –. ¿Qué soy yo? ¿Qué me iba a decir?

—Nada – contestó don Mariano, cabizbajo* y muy humildemente –. No le iba a decir nada, don Gonzalo.

—Está bien – dijo don Gonzalo, contento de ver a don Mariano humillado. – Claro que si no le gusta trabajar aquí, yo sólo tengo que coger el teléfono y con una sola llamada está usted en la calle.

Y don Gonzalo cogió el teléfono de la mesa y empezó a marcar un número.

Don Mariano no tuvo más remedio que humillarse aún más. Le pidió perdón a su jefe otra vez y don Gonzalo dejó de marcar el número.

—Muy bien – dijo –; me gusta que mis empleados estén contentos de su trabajo. Puede usted volver a su mesa.

dar golpe *doing a stroke of work*

cabizbajo *head lowered*

Mañana quiero ver el trabajo de ayer bien hecho y en esta mesa a las ocho y media de la mañana. ¿Entendido?

—Sí, don Gonzalo – dijo don Mariano, y salió del despacho furioso y de muy mal humor. No podía decirle al jefe lo que pensaba de él porque tenía que pagar los gastos de colegio de sus hijos y también mantener su casa y a su mujer. Sus compañeros le vieron salir del despacho del jefe y se reunieron con él.

—Bueno; y, ¿cómo está la fiera esta mañana? – preguntó Pepe, un joven de unos veinte años que no estaba casado y a quien no le importaba nada. Siempre decía "la fiera" cuando hablaba del jefe.

—Como siempre – contestó don Mariano –; injusto, presumido* y lleno de orgullo*. El tío me da asco.

—No te preocupes, chico – dijo Pepe –. Cuando venga la revolución, a ése le pegamos un tiro el primer día.

—Ya, ya – dijo don Mariano, y se fue a su mesa en un rincón de la oficina. Se sentó y empezó a sumar las listas de los gastos de un proyecto en el norte del país, pero estaba tan furioso después de lo que le había dicho el jefe que tuvo que repetir el trabajo varias veces.

A las once en punto don Gonzalo salió de su despacho con el periódico en la mano. Miró el reloj de la pared y dijo en voz alta:

—¡Las once ya! ¡Cómo pasa el tiempo! Y yo tengo una cita importantísima con el ministro a las once y diez.

Todos los días don Gonzalo salía de su despacho a la misma hora, decía lo mismo e iba a tomar café y a leer el periódico en la cafetería de la esquina. Los otros empleados no podían salir y tenían que quedarse trabajando mientras su jefe lo pasaba la mar de bien*.

Por fin llegó la hora de salida. Don Mariano cogió varios papeles de su mesa, los puso en la cartera y salió muy deprisa del ministerio. Bajó por la calle, entró en la estación del Metro y fue hasta la Plaza de la Cibeles. Allí entró en una pequeña cafetería de la calle del Marqués de Cuba y pidió un bocadillo de queso y una cerveza. Mientras comía, repitió el trabajo del ministerio y echó un vistazo* a otros papeles que tenía en la cartera. A las cuatro menos cuarto salió de la cafetería y se dirigió a la casa de una señora muy rica que vivía en la calle de Zorrilla. Al llegar a la casa, llamó a la puerta y le abrió una muchacha.

—¿Está la señora? – preguntó don Mariano.

—Sí, don Mariano – contestó la muchacha –. Pase usted.

Don Mariano entró y fue a la sala de estar donde la señora doña Mercedes Peña de Mendival le estaba esperando. Doña Mercedes era viuda y tenía millones de pesetas en varias empresas de la ciudad, pero no entendía nada de dinero y don Mariano llevaba todas sus cuentas*, incluso las de la casa.

—Llega usted tarde – dijo doña Mercedes.

—Sí, lo siento doña Mercedes – dijo don Mariano –. Es que entré en una cafetería de la calle del Marqués de Cuba a tomar algo.

—¡Qué bien! – dijo doña Mercedes sarcásticamente –. Yo estoy esperándole aquí con un dolor de cabeza que me vuelve loca y usted metiéndose en bares.

presumido *arrogant* orgullo *pride*

la mar de bien *very well*
echó un vistazo *had a glance* cuentas *accounts*

Doña Mercedes no sabía que don Mariano había ya trabajado ocho horas sin parar ni que el bocadillo era la única comida que había tomado desde antes de las ocho de la mañana. Tampoco sabía que don Mariano trabajaba en otros sitios. Creía más bien que había pasado la mañana leyendo y descansando, y que podía vivir de las pocas pesetas que ella le daba.

—Bueno – siguió doña Mercedes –. A ver si usted comprende todo esto. Y le entregó a don Mariano un montón de papeles; facturas de modistas, cuentas del banco, billetes de mil pesetas, y cartas; todo lo que había recibido doña Mercedes desde la última visita de don Mariano.

—Ya le he dicho – dijo don Mariano –, que me ayudaría mucho si pudiera usted separar los papeles que tengo que examinar yo de las cosas personales. Esto, me parece, es una carta de su hijo de Valencia.

Y sacó del montón de papeles una carta escrita a mano que dio a doña Mercedes.

—Sí; tiene usted razón – dijo doña Mercedes –. Es de mi hijo. Pero eso de preparárselo todo, no lo entiendo. Para eso le pago, don Mariano.

Doña Mercedes se puso a leer tranquilamente la carta de su hijo mientras don Mariano trataba de arreglar los asuntos personales de la señora. Era muy difícil porque muchos de los papeles estaban sucios, manchados de café o vino, algunos estaban rotos y faltaban otros que eran muy importantes, pero, por fin y después de trabajar tres horas, don Mariano pudo decir a doña Mercedes que todo estaba arreglado.

—Bien – dijo doña Mercedes, y llamó a la muchacha. La chica entró y doña Mercedes le dijo:

—Don Mariano se marcha. Trae su sombrero.

—Doña Mercedes – dijo don Mariano –. ¿Quería preguntarle si me podría pagar un poco más por el trabajo que le hago?

—¡Más! – gritó la señora –. ¡Imposible! ¿Qué cree usted, don Mariano, que estoy forrada* de dinero? Ya sabe usted cómo van mis negocios porque usted comprende estas cosas, y también sabe que es imposible pagarle más.

—Bueno – dijo don Mariano tristemente –. Adiós, doña Mercedes. Hasta otra día.

—Adiós – dijo la señora secamente –. Y no hable más de cobrar más dinero. Ya le doy bastante, y no olvide que hoy en día hay cincuenta mil como usted en Madrid. Mucho cuidado o no habrá "otro día". ¿Entendido?

—Sí, señora – dijo don Mariano.

forrada *"loaded"*

Dejó la casa y se fue por la calle como un fantasma. Eran ya los ocho y media de la noche y don Mariano estaba cansadísimo pero no podía volver a casa a descansar. Entró en una cafetería de la calle de Alcalá y pidió un café solo y un coñac. Tomó el café y se acercó al mostrador con la copa de coñac en la mano. Pidió una ficha, fue al teléfono

que estaba al lado de los servicios, y marcó el número de su casa. Le contestó su mujer:

—¿Dígame?

—Oye, cariño, soy yo – dijo don Mariano.

—¿Dónde estás, Mariano?

—Estoy en una cafetería de la calle de Alcalá. ¿Hay recados*? – dijo don Mariano.

—Sí. El señor José Bravo quiere que le llames mañana por la mañana para hablar de las cuentas de la imprenta. ¿Vienes a cenar?

—Todavía no. Tengo que ir al Teatro Tirso de Molina.

—¿Para qué?

—Buscan a alguien que sepa llevar las cuentas del teatro. Lo hacía Vicente, mi compañero de trabajo, pero ahora su mujer está enferma y él no puede dejarla por las tardes.

recados *messages*

—¿A qué hora vendrás a casa entonces?

—No lo sé. Te llamaré otra vez cuando termine en el teatro. Hasta luego.

—Hasta luego, Mariano.

Don Mariano tomó el coñac y salió de la cafetería. Eran ya las nueve menos veinte y tenía que estar en el teatro a las nueve. Vio un taxi libre y lo cogió, aunque no le gustaba gastar las treinta pesetas que le iba a costar. El taxi le dejó delante del Teatro Tirso de Molina, en la calle de Almagro, y don Mariano entró a hablar con el director.

—Buenas noches – dijo don Mariano a un joven que esperaba delante del despacho del director –. ¿Está el director, el señor don Francisco Quintana?

—Sí; creo que sí – contestó el joven –¿De parte de quién?

—De parte de don Mariano Pascual – contestó don Mariano.

—Un momento, por favor – dijo el joven –. Voy a ver si don Francisco está libre. El joven llamó a la puerta del despacho, esperó un momento y luego entró. Después de un rato, don Francisco Quintana gritó desde dentro del despacho:

—¡Pase, don Mariano, pase!

Don Mariano entró en el despacho bastante tímidamente porque nunca había estado ni en un teatro ni en el despacho de un director.

—Siéntese, don Mariano, siéntese – dijo el director –. ¿Qué quiere tomar? Y señaló con la mano un armario lleno de botellas de jerez, coñac y licores.

—Nada, gracias – dijo don Mariano, que no estaba acostumbrado a que la gente le tratara de ese modo.

—¡Nada! – dijo don Francisco, riéndose –. ¡Qué tontería! Venga, un jerez para abrir el apetito antes de la

cena.

—Bueno; un jerez – contestó don Mariano.

—Muy bien – dijo el director, y le dio a don Mariano la copa de jerez más grande que éste jamás había visto. – Bueno – siguió don Francisco –, viene usted recomendado, don Mariano. Su compañero de trabajo, Vicente, que antes hacía las cuentas aquí, me escribió para decirme que valía usted mucho. Usted ya sabe, ¿verdad?, que él no puede seguir llevando las cuentas porque su mujer está enferma. Es una lástima porque le hace muchísima falta el dinero que cobraba aquí; y ahora más que nunca con las medicinas y las facturas del médico. En fin, es una lástima para él, pero no para usted. Yo lo siento, pero no tengo más remedio porque hay que hacer las cuentas del teatro, ¿verdad?

—Sí, claro – dijo don Mariano, que tomaba su copa de jerez y empezaba a preguntarse cuándo iba don Francisco a dejar de hablar.

—Y ahora, a trabajar, porque para eso ha venido, ¿verdad? – dijo don Francisco.

—Pero, ¿usted quiere que empiece esta misma noche? – dijo don Mariano.

—Claro, hombre, claro – dijo don Francisco –, las cuentas están hechas un lío*, don Mariano, un verdadero lío porque Vicente lleva ya dos semanas sin venir y he tenido que hacerlas yo, que no sé nada de contabilidad. Pero vea usted.

Y don Francisco sacó del cajón de su mesa unos libros enormes que puso delante de don Mariano.

—Ahora voy a ver cómo ha ido la sesión de la tarde – dijo don Francisco –. ¡Ah, lo del dinero! Lo que cobraba Vicente, ¿verdad? ¿Le parece bien?

—Sí – dijo don Mariano.

El director salió y don Mariano abrió el primero de los libros. Después de unos momentos comprendió que tenía bastante trabajo para tres o cuatro horas. En la mesa había un teléfono. Don Mariano lo cogió y llamó a su mujer para explicarle que volvería a casa hacia la una de la madrugada. Estaba sin cenar, muy cansado y le dolía la cabeza, pero tuvo que seguir trabajando porque le hacía falta el dinero.

A la una y media de la madrugada don Mariano Pascual llegó a su casa. Su mujer y sus dos hijos ya se habían acostado y su mujer le había dejado unos bocadillos y una botella de cerveza en la mesa de la cocina. Don Mariano se comió los bocadillos, bebió la cerveza y mientras comía y bebía también pensaba: "¡Esto no es vida! ¡No, señor! ¡Esto no es vida!"

lío *mess*

¿Sólo trabajan los hombres que viven en la ciudad, los que tienen que luchar* día y noche para ganarse la vida? No, también trabajan mucho los hombres del campo, los que tienen fama* de pasar la vida sentados al sol con una bota* de vino en la mano.

En Andalucía, en el sur de España, hay granjas muy grandes que se llaman cortijos. En los terrenos del cortijo se crían toros bravos para la corrida, se cultivan aceitunas y también uvas. Los hombres que trabajan en el cortijo también viven allí y pasan su vida haciendo todos los distintos trabajos que el dueño quiere que hagan. Todo el año hay que cuidar* las vacas y los toros que viven en las dehesas* del cortijo; hay que llevarles comida en los tiempos de sequía cuando la hierba no crece y también protegerlos de los muchos jóvenes que quieren hacerse toreros y salen por la noche a torear.

Donde hay toros bravos también hay siempre muchos caballos, porque si el toro ve a un hombre a pie antes de entrar en la plaza de toros, sabe lo que es y es mucho más peligroso. Por eso el dueño del cortijo, su mayoral* y los obreros tienen caballos y siempre montan a caballo cuando van a ver los toros en el campo. Naturalmente, hay que cuidar los caballos, darles de comer y limpiar las cuadras donde viven; todo lo que supone mucho trabajo para los obreros del cortijo.

Los cultivos del cortijo, las aceitunas y las uvas, también dan mucho trabajo. En la primavera hay que podar* las parras que más tarde en el año darán las uvas con las que se hace vino. Luego, en el otoño viene la vendimia* cuando las uvas se cogen y, entre la primavera y el otoño hay que quitar las malas hierbas* que crecen entre las viñas y rociar* las viñas con insecticida para proteger el fruto de los muchos insectos que lo atacan.

luchar *struggle*
fama *reputation*
bota *wineskin*
cuidar *look after*
dehesas *pastureland*
mayoral *foreman*
podar *prune*
vendimia *grape harvest*
malas hierbas *weeds*
rociar *spray*

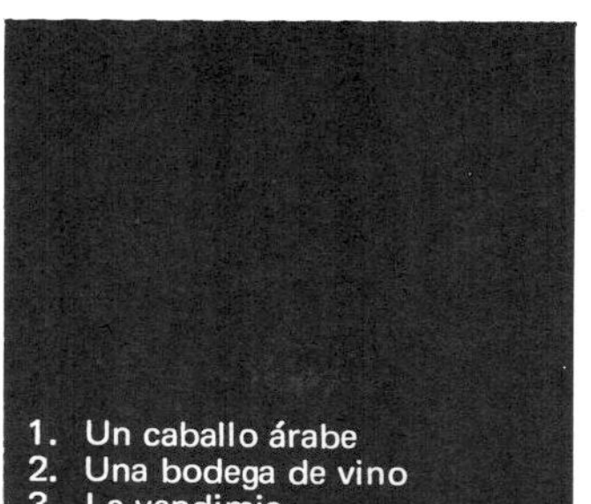

1. Un caballo árabe
2. Una bodega de vino
3. La vendimia
4. Toros bravos en el campo andaluz

4

1. La cosecha de la aceituna
2. Las mujeres recogen las aceitunas del suelo.
3. Este hombre pasa el día cortando hierba
4. El granjero vuelve a casa con el carro lleno de hierba

La aceituna es otro producto y pide otro tipo de trabajo. Durante gran parte del año los árboles crecen tranquilamente en el campo, florecen y producen la aceituna. Los obreros no tienen que hacer mucho trabajo en los olivares durante esta parte del año, pero luego viene la cosecha* de la aceituna cuando tienen que trabajar mucho. No hay máquinas para coger la aceituna como no las hay para coger la uva y todo el trabajo se hace a mano. Primero se extienden* por la tierra grandes trozos de tela* para coger el fruto. Luego los hombres golpean* los árboles con palos enormes y el fruto cae al suelo. Las mujeres del cortijo, que también trabajan, se ponen de rodillas y cogen las aceitunas una a una del suelo y las ponen en cestas. Las aceitunas se cargan en camiones y se llevan a la fábrica de aceite donde máquinas enormes sacan el aceite.

Los que trabajan en el cortijo se levantan muy temprano y trabajan muchas horas, pero no cobran mucho dinero. En Andalucía hay muchos que buscan empleo, pero no hay trabajo para todos. Los dueños de los cortijos pueden escoger entre los muchos hombres que se ofrecen y no tienen que pagar mucho porque hay siempre muchos que no encuentran trabajo. Quizá por eso la mayoría de los españoles que trabajan en el extranjero vienen de Andalucía.

En el norte del país las granjas son

cosecha *harvest* trozos de tela *sheets of cloth*
se extienden *are spread* golpean *hit*

muy pequeñas. Antiguamente las tierras de una granja se dividían igualmente entre todos los hijos de la familia al morir el padre. Por eso las granjas se hacían más y más pequeñas, y cada metro de tierra cultivada valía mucho dinero. En Galicia y Asturias llueve mucho, la hierba crece bien y se pueden criar vacas. Pero las vacas no pueden estar en el campo donde pisan* y destruyen más hierba que comen. Las vacas se guardan* en pequeños establos y se les lleva la hierba.

Por la mañana el granjero y su mujer se levantan y salen al campo con guadañas* y rastrillos*. Pasan todo el día en el campo donde no hacen más que cortar hierba que ponen en un carro de bueyes*. Por la tarde vuelven a casa con el carro lleno de hierba cortada y dan la hierba a las vacas. Es un trabajo totalmente distinto del trabajo que hacen los obreros de los cortijos del sur, pero no cansa menos*.

Se puede concluir que todo el mundo en España, los que viven en las ciudades y los del campo, tienen que trabajar mucho para ganarse la vida y que la "leyenda negra" del español que nunca da ni golpe es completamente falsa.

pisan *tread down*
se guardan *are kept*
guadañas *scythes*
rastrillos *rakes*
carro de bueyes *ox cart*
no cansa menos *is not less tiring*

Quiz

Answer the following questions:

1. What is a "jornada intensiva"?
2. How did don Mariano get to know Spain well without leaving his office?
3. How had don Mariano's boss got his job?
4. Why did don Mariano have to put up with his boss's insults?
5. What did his boss do every day at 11 a.m.?
6. What did don Mariano have for lunch?
7. Where did he go after lunch?
8. What work did don Mariano do for doña Mercedes?
9. What sort of person was she?
10. What did she do when don Mariano asked for more money?
11. Where did don Mariano have to go at 9 p.m.?
12. How did the director receive him?
13. What work was don Mariano going to do for the theatre director?
14. Why was he offered the job?
15. What time did he get home?
16. What was his last thought before going to bed?
17. What reputation do Spanish country people have?
18. What are the products of the "cortijo"?
19. What must the fighting bulls be protected against?
20. Why do the farm workers on the "cortijo" usually go about on horseback?
21. What work needs to be done in the vineyards during the summer?
22. How are olives gathered?
23. Why do many Andalusians emigrate?
24. Why are the farms in the North of Spain so small?
25. What work do the farmer and his wife have to do?

¿Qué producen los españoles?

Hace muchísimos años, en los tiempos de los romanos, España se consideraba el granero del Imperio Romano. Se cultivaban trigo, aceitunas, naranjas, limones y uvas. Hoy día, después de casi dos mil años, los productos no han cambiado mucho y se siguen cultivando todos los productos que conocían los romanos. Pero hay algunos cultivos nuevos: el maíz y la patata, que se introdujeron después del descubrimiento de América en 1492; el plátano y la caña* de azúcar, que se cultivan en los zonas muy cálidas; la remolacha* que crece bien en las zonas donde llueve mucho, y el arroz y el algodón que necesitan mucha agua y también mucho calor y se cultivan en las regiones donde hace calor y hay mucha agua en los ríos para regar los campos.

El cincuenta por ciento de la tierra de España queda sin cultivar porque hay demasiadas rocas, la tierra es pobre o no hay agua para regar los campos. En estas partes del país se crían vacas, toros bravos, ovejas y cerdos. Las ovejas tradicionalmente se llevaban de una región a otra en busca de pastos* verdes. En el verano viajaban del sur hacia el norte, y en el otoño volvían a los campos del sur del país. Hoy día hay mucho menos movimiento de ganado* y el que viaja va en trenes especiales de la Renfe.

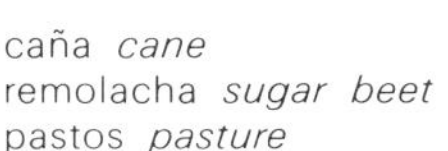

caña *cane*
remolacha *sugar beet*
pastos *pasture*
ganado *livestock*

1. En Extremadura se crían cerdos
2. Un arrozal de la huerta valenciana
3. Un pastor con un rebaño de ovejas
4. Las naranjas se cultivan en la región de Valencia
5. Hoy muchos granjeros tienen cosechadoras modernas

La industria española se desarrolla* y cada año hay nuevas fábricas e industrias. La falta de energía detenía* el desarrollo de la industria, pero ahora hay muchos pantanos en casi todos los ríos importantes con grandes centrales hidroeléctricas que producen la electricidad necesaria.

España tiene buenos depósitos de los minerales básicos de la industria. En Asturias hay enormes minas de carbón y de hierro, con una factoría muy grande de acero* en Avilés. En el sur del país hay grandes minas de cobre*, en la región del río Tinto, y de plomo* en la Sierra Morena. Las minas de Almadén, también en la Sierra Morena, producen mercurio, y España es el primer productor de este mineral del mundo.

Con la energía de las grandes centrales y los metales de las minas y fábricas, España produce barcos, coches y toda la maquinaria que necesita un país que se desarrolla. En los astilleros* de El Ferrol, Cádiz y Cartagena se construyen barcos de hasta trescientas mil toneladas. Los coches que se fabrican en España no son de origen español, sino fabricados bajo licencia. La factoría más grande es la de SEAT ("Sociedad Española de Automóviles de Turismo"), y los coches que se producen son los mismos que los FIAT, una compañía italiana. También se fabrican coches de las marcas Renault, Citroen, Chrysler y British Leyland,

También se fabrican cemento, productos químicos y electrónicos, muchos abonos* para la agricultura, que también se desarrolla, y textiles. Esta última industria se concentra alrededor de Barcelona, y los tejidos* catalanes figuran entre los mejores de Europa.

La industria española no está muy bien repartida* por el país. Se encuentra en Cataluña, en las Vascongadas y alrededor de la capital, con otro centro bastante importante en Valladolid, pero hay muchas regiones del país donde la industria apenas existe. El gobierno trata de repartir la industria por el país con lo que se llaman "Polos de Desarrollo", pero es difícil cambiar las ideas de los industriales que quieren estar o en Barcelona o en Madrid.

desarrolla *develops*
detenía *held back*
acero *steel*
cobre *copper*
plomo *lead*
astilleros *shipyards*
abonos *fertilisers*
tejidos *textiles*
repartida *distributed*

2

1. Con el agua de los ríos se produce electricidad
2. Los altos hornos de la industria de acero
3. En los astilleros de El Ferrol, Cádiz y Cartagena se construyen barcos
4. Una mina de carbón en el norte de España

4

La industria textil de Cataluña figura entre las mejores del mundo

Quiz

Answer the following questions:

1. What was produced in Spain during the period of the Roman Empire?
2. Which new products were brought to Spain from the New World?
3. Where are sugar beet and cotton grown?
4. What proportion of Spain is uncultivated, and why?
5. Why were the flocks of sheep moved about the country?
6. What is the major energy source for Spanish industry?
7. What mineral resources does Spain and where are they found?
8. Which is the major car company, and where do the models originate?
9. What is the major industry of the Barcelona region?
10. Where is most Spanish industry found?
11. What is the government doing to develop industry in Spain?

¿Cómo es el gobierno español?

Bajo Franco, que era el Jefe del Estado Español desde 1936 hasta 1975, España tenía un parlamento con quinientos sesenta y cuatro miembros que se llamaba Las Cortes Españolas, pero no era un parlamento democrático. Solamente veinte por ciento de los diputados, unos cien, eran elegidos por el pueblo español, y todo el pueblo no tenía el derecho de votar sino solo los padres de familia. Franco escogía los otros miembros de los sindicatos, los municipios y otros grupos profesionales. En efecto, el Gabinete, todos elegidos por Franco, gobernaba España y las Cortes Españoles no hacían más que aprobar las nuevas leyes dictadas por el Gabinete.

Ahora con la muerte de Franco todo va a cambiar. Se ha aprobado una nueva ley que permite 'asociaciones políticas' para discutir cuestiones políticas; todos los partidos políticos, menos el comunista, tienen derecho a organizarse y hacer propaganda y dentro de dos o tres años España será por fin un país democrático. Pero, de momento, no se puede contestar a la pregunta: ¿Cómo es el gobierno español? porque con España nunca se sabe.

Las Cortes Españolas

Francisco Franco Bahamonde
Jefe de Estado 1936 – 1975

Don Juan Carlos, rey de España

Mucho dependerá de hombres como éstos

¿Tienen un rey los españoles?

España es una monarquía y el rey se llama Don Juan Carlos. El abuelo de Don Juan, que era el rey Alfonso XIII, abdicó en 1931 y murió en Roma en 1941 y, por más de cuarenta años España era una monarquía sin monarca. Durante estos cuarenta años el Jefe de Estado era Franco, pero el país no dejó nunca de ser una monarquía. Alfonso XIII tenía un hijo, Don Juan, que pretendía al trono español, y éste tenía un hijo, Don Juan Carlos, que también quería hacerse rey.

En el año 1954 Franco decidió la cuestión. El hijo, Don Juan Carlos, se educaría en España como el futuro rey del país. En 1969 Franco proclámo oficialmente a Don Juan Carlos como el futuro rey de España, y el joven príncipe empezó a aparecer a funciones públicas con el Jefe de Estado. Antes de ser declarado heredero del trono español, Don Juan Carlos tuvo que jurar respetar las leyes básicas del regimen de Franco.

El 20 de noviembre del año 1975 Franco murió y Don Juan Carlos fue proclamado como el rey de España.

Quiz

Answer the following questions:

1. For how long was Franco the ruler of Spain?
2. What is the Spanish parliament called?
3. Was it a democratic parliament under Franco?
4. What proportion of the members were elected by the people?
5. Who selected the other members and where did he select them from?
6. What changes took place when Franco died?
7. What political party is still banned?
8. What happened to Don Juan Carlos' grandfather?
9. Who were the pretenders to the Spanish throne?
10. Who was chosen as the future king of Spain and by whom?
11. What did this person have to do before being declared the future king?
12. What happened in November, 1975?

¿Son católicos los españoles?

El catolicismo es la religión oficial de España desde el año 589, año en que el rey visigodo, Recaredo, la proclamó fe* oficial del estado después de ganar una guerra contra la herejía arriana*.

Hoy día España es oficialmente un país católico, aunque la ley de libertad religiosa de 1967 permite a otras religiones practicar su fe. Pero hay pocos protestantes en el país (solo unos treinta y seis mil), unos siete mil judíos* y unos mil musulmanes*. Los protestantes no pueden hacer propaganda de ninguna clase para convertir a la gente.

España es un país católico, pero la inmensa mayoría de la gente no van a misa. En los años treinta, una investigación en Andalucía descubrió que menos del uno porciento de los hombres asistían a misa. Otra investigación más reciente entre los habitantes de Madrid descubrió que solo once por ciento de los madrileños iban a misa, y los resultados de la investigación se suprimieron en seguida.

Pero la religión católica penetra en cada rincón* de la vida de los españoles, y los religiosos, los curas, monjes, frailes y monjas, influyen tremendamente en la educación, la medicina y los servicios sociales del país. En efecto, sin el trabajo de los religiosos, las escuelas, los hospitales y los servicios sociales de España no podrían funcionar.

herejía arriana *Arian heresy*
fe *faith*
judíos *Jews*
musulmanes *Mohammedans*
rincón *corner*

También casi todos los festivales importantes del país tienen un origen religioso. La llegada de los Reyes Magos, el día seis de enero, es muy importante para los niños del país. Ponen zapatos en los balcones de su casa y, por la mañana, los niños buenos los encuentran llenos de regalos, y los malos, llenos de carbón. En Nochevieja la gente sale a la calle y, cuando el reloj da las doce para empezar el Año Nuevo, come doce uvas. Los que comen la última uva antes de sonar la última campanada tendrán buena suerte durante todo el año.

En cada ciudad y pueblo del país se celebra Semana Santa con pasos* que se llevan por las calles. La más famosa celebración de Semana Santa tiene lugar* en Sevilla y cada parroquia* de

pasos *scene from the Passion*
tiene lugar *takes place*
parroquia *parish*

La Semana Santa se celebra con pasos que se llevan por las calles

ı ciudad tiene su paso. En los pasos se en las figuras de Jesucristo y de su ıadre con otros personajes de la 'asión de Nuestro Señor, y se nota en eguida que el Cristo de los españoles, sobre todo de los andaluces, es un ombre que sufre y muere muy doloroamente*. No tiene en la cara esa onrisa* un poco falsa de los Cristos el norte de Europa, sino una expresión e agonía con gotas de sangre y sudor* ue le corren por la cara. Los penitentes compañan los pasos vestidos del ambenito* que llevaban las víctimas e la Santa Inquisición. Algunos tamién llevan cruces* de madera, o adenas* en las piernas o van descalos* como símbolo de penitencia. Se uede decir que los penitentes son hipócritas que hacen un espectáculo de su religión, pero no se puede negar* que las cruces de madera pesan mucho, que las cadenas cortan, como también cortan las piedras de la calle los pies de los que van descalzos.

El día de Corpus Christi también se celebra con desfiles* por las calles sobre todo en Toledo. En estos desfiles no se lleva la figura de Jesucristo, sino la Hóstia* en una custodia* de oro.

La Romería* del Rocío de Huelva, la fiesta de Moros y Cristianos de Alcoy, los Sanfermines de Pamplona y todas las romerías, verbenas y fiestas de santos tienen su origen en la vida de la iglesia. Se celebran con desfiles de gigantes y cabezudos, con bailes y canciones, con corridas de toros y

ıolorosamente *painfully*
onrisa *smile*
udor *sweat*
ambenito *dress worn by penitent*
cruces *crosses*
cadenas *chains*
descalzos *barefoot*
negar *deny*
desfiles *processions*
Hostia *Host*
custodia *monstrance*
romería *pilgrimage*

La Romería del Rocío

fuegos artificiales en una mezcla* de religión, de alegría y de tristeza* que es la religión en España.

¿Son católicos los españoles? No cabe duda* de que creen la mayoría en algo, que es mucho mejor que no creer en nada.

mezcla *mixture* tristeza *sadness* no caba duda *there is no doubt*

Quiz

1. What is the official religion of Spain?
2. When did it become the official religion, and who decided the question?
3. Is there any religious freedom in Spain?
4. What did the investigation in Andalucía in the 1930s reveal?
5. What did the investigation in Madrid reveal?
6. Does the Catholic religion have much influence in the country, and why?
7. What happens on the 6th of January each year in Spain?
8. What happens on December 31st?
9. How is Holy Week celebrated?
10. Are the statues of Christ similar to those of the North of Europe?
11. What do the "penitentes" do in the processions?
12. Are they hypocrites?
13. How do the Corpus Christi processions differ from those of Holy Week?
14. What are the main characteristics of religion in Spain?
15. Are the Spaniards Catholic?

¿Por qué van tantos turistas a España?

En el año 1974 más de treinta y tres millones de turistas visitaron España, entre ellos casi cuatro millones de ingleses. La mayoría fueron a las Islas Baleares, la Costa Brava, la Costa Blanca, la Costa Dorada o las Islas Canarias porque buscaban el sol, la playa y el mar. Volvieron a sus casas contentos después de unos quince días, con un buen bronceado* y algunos pequeños recuerdos de España, unas castañuelas, un pequeño toro o un bolso del buen cuero español. Lo pasaron bien, pero no vieron mucho del país.

¿Qué hay de interés en España? En el norte, en Galicia, se encuentra la famosa Catedral de Compostela, sitio de peregrinación* durante más de diez siglos. En Asturias, cerca de Santander, las maravillosas montañas de los Picos de Europa y las Cuevas de Altamira, donde vivieron los españoles prehistóricos hace miles de años. En Cataluña, cerca de la ciudad histórica de Barcelona, el Monasterio de Montserrat, escondido entre los picos de la sierra del mismo nombre.

Pero es quizá en Castilla y en el sur del país donde hay más cosas de interés para el turista. Madrid, la capital, es una ciudad encantadora* con partes modernísimas y barrios viejos que no han cambiado desde el siglo diecisiete. Y alrededor de Madrid se encuentran los palacios, los monumentos y las ciudades históricas de Espana.

bronceado *sun tan* encantadora *enchanting*
peregrinación *pilgrimage*

1

Toledo

Toledo está situado a setenta y un kilómetros al sur de Madrid junto al río Tajo que rodea a la ciudad por dos lados y la ha protegido siempre de sus enemigos. Toledo es ahora un monumento nacional, lo que quiere decir que nadie puede cambiar nada en la ciudad sin permiso oficial porque todos los edificios son de gran valor histórico.

Antiguamente Toledo era la capital de España y un centro cultural de importancia internacional porque el rey Alfonso X el Sabio reunió en Toledo a los mejores escritores, poetas, artistas y pensadores de tres naciones diferentes, los españoles, los moros y los judíos*. En los siglos quince y dieciséis los Reyes Católicos y Carlos V pasaron mucho tiempo en Toledo y la ciudad no dejó de ser un centro importante en la vida cultural del país cuando Felipe II trasladó la Corte a Madrid.

El artista griego, Doménico Theotocópuli, a quien los españoles dieron el nombre de "El Greco", vivió en Toledo desde 1575 hasta 1614, y la ciudad figura en muchos de sus cuadros. El viajero que se acerca a Toledo por la carretera desde Madrid puede ver la ciudad tal como aparece en los cuadros de El Greco porque nada ha cambiado durante más de tres siglos. La catedral, edificio inmenso que se encuentra en medio de la ciudad, lo domina todo, y a un lado se ve el Alcázar, destruido durante la Guerra Civil y ahora reconstruido tal como estaba antes. En la calle de San Juan de Dios están la casa y el museo de El Greco, y al lado de esa calle, en la pequeña iglesia de Santo Tomé, uno de sus cuadros más famosos, El entierro del Conde de Orgaz.

judíos *Jews*

2

3

1 La Catedral de Toledo

2 Vista panornámica de Toledo

3 La Puerta de Bisagra

La variedad de la historia de Toledo e ve en las iglesias de cultos distintos ue hay en la ciudad. La catedral, que e construyó entre 1226 y 1492, es ristiana y de estilo gótico, pero hay iertos detalles que son árabes. La nica iglesia árabe que queda en la iudad es la Mezquita del Cristo de la uz en la calle del mismo nombre. Es el siglo diez y tiene el mismo estilo de rquitectura que la famosa Mezquita e Córdoba. Los judíos tenían también us iglesias o sinagogas, y todavía uedan dos en el barrio donde vivían los udíos y que se llamaba la Judería: a Sinagoga de Santa María la Blanca, lel siglo doce, y la del Tránsito, del iglo catorce.

Durante las fiestas de Corpus Christi oledo se viste de color y se llena de uristas de todas las naciones. Una ustodia* hecha por Juan de Arce a principios del siglo dieciséis, y que pesa más de doscientos kilos, se lleva en las procesiones solemnes de las fiestas. La custodia es de plata y vale millones de pesetas.

En la moderna Toledo se practican las artes de los moros, los judíos y los españoles de siglos pasados; los toledanos fabrican espadas, cuchillos y navajas, tijeras, broches, collares, pulseras y bolsos, todo en el estilo moro que se llama "damasquinado" en el cual el oro y el acero se funden y se mezclan en formas tradicionales y pintorescas. También hacen artículos de cuero, como monederos, bolsos y carteras.

El turista que visita Toledo puede dar un paseo por la historia entera de España y volver a Madrid con un recuerdo de aquellos años en que reyes, príncipes y obispos vivían en la ciudad de las orillas del río Tajo.

ustodia *monstrance*

Segovia

Segovia, situada a unos cien kilómetros al noroeste de Madrid en la vertiente* de la Sierra de Guadarrama, es una hermosa ciudad con dos monumentos impresionantes y famosos en todo el mundo: el acueducto romano y el Alcázar. El acueducto se extiende por el centro de la ciudad; tiene casi ochocientos metros de largo con ciento dieciocho arcos, y hasta hace muy pocos años seguía trayendo el agua a la ciudad. Existe una leyenda segoviana que dice que el diablo construyó el acueducto, pero es, en realidad, obra de los romanos y al contemplarlo se puede entender mejor por qué el Imperio Romano se extendía por casi todo el continente de Europa.

Spanish National Tourist Office

El Alcázar de Segovia

En el sitio donde se unen los ríos Eresma y Clamores, hay una roca muy alta sobre la cual ha existido un Alcázar desde hace muchos siglos. El Alcázar actual se construyó en 1862 después de un incendio que destruyó el antiguo edificio.

vertiente *slope*

Otros edificios interesantes y curiosos de Segovia son la Casa de los Picos cuya fachada está cubierta de puntas de piedra en forma de diamante, y la curiosa plaza "en escalera" que se llama la Plaza de San Martín de las Sirenas.

Después de pasear por las calles y las plazas de Segovia y de descubrir la historia de España encerrada en sus palacios, castillos e iglesias, el turista puede disfrutar de otra especialidad de la ciudad, que es también un plato muy típico de la región: el cochinillo* asado. El mejor restaurante donde probarlo es el famoso Mesón de Cándido, situado en la Plaza del Azoguejo al lado mismo del acueducto.

La Granja

Muy cerca de Segovia está situado el palacio real de La Granja en la Sierra de Guadarrama. Al rey Enrique IV de Castilla le gustó tanto una parte de la montaña donde iba de caza que decidió construir allí una ermita* que dedicó a San Ildefonso. Después de unos años dio la ermita a los monjes del monasterio de El Parral, en Segovia, que hicieron de la ermita una granja. Por eso el edificio actual se llama La Granja, aunque no queda del edificio original más que el patio que ahora está en medio del palacio real construido por Felipe V en 1721.

Felipe V era nieto de Luis XIV de Francia y quería imitar con la Granja los palacios franceses de Versalles y Fontainebleau, pero le costó mucho trabajo y muchísimo dinero porque donde quería plantar árboles y arbustos no había más que roca, y tuvo que hacer

cochinillo *sucking pig*
ermita *hermitage*

ardines artificiales con explosivos y erra traída desde muy lejos. Cuando l rey estaba de viaje por Europa, su eina, la italiana Isabel Farnesio, hizo onstruir una serie de fuentes, cascadas* ríos artificiales en los jardines que ostaron millones de pesetas porque oda el agua venía de un lago artificial echo en las rocas de más arriba del alacio. Felipe volvió al palacio y su sposa le hizo ver las obras recien erminadas, y particularmente una uente que se llamaba el Baño de Diana. El rey la miró un rato, se volvió uriosamente a sus nobles y dijo:

—¡Me costó tres millones y me ha divertido durante tres minutos!

Los sábados y domingos de verano se puede ver funcionar las fuentes y cascadas del palacio real de La Granja, pero los otros días de la semana no funcionan porque el agua que corre por las cascadas y fuentes se pierde y no hay bastante para todos los días.

Aranjuez

Aranjuez es famoso por las fresas que se cultivan allí y un palacio en el estilo de Versalles. En el siglo catorce, Laurencio Suárez de Figueroa, Maestre de la Orden de Santiago, había hecho construir un palacio pequeño en Aranjuez, pero en el siglo dieciséis fue derribado* para construir otro dibujado por Juan de Bautista de Toledo y su alumno Juan de Herrera. Dos incendios, en 1660 y 1665 destruyeron este palacio, y Felipe V hizo construir otro con una escalera impresionante como las que se encuentran en Versalles. La puerta principal del palacio sólo se abre dos veces en la vida de un rey; la primera vez para que entre después de su coronación, y la segunda para que salga su cuerpo si muere en Aranjuez.

cascadas *waterfalls*
derribado *demolished*

El Escorial

A veces la guerra produce monumentos impresionantes, y cerca de Madrid hay edificios que recuerdan dos momentos importantes en la historia de España. El primero, el Real Monasterio de San Lorenzo del Escorial, fue construido por Felipe II para celebrar la victoria de los españoles contra los franceses en la batalla de San Quintín en el año 1557. Juan Bautista de Toledo, el arquitecto del palacio de Aranjuez, empezó el trabajo en 1563 y su alumno, Juan de Herrera, lo terminó en 1584. Calderón de la Barca, famoso escritor de aquellos años, lo llamó "la octava maravilla del mundo".

El Real Monasterio de San Lorenzo del Escorial

El Monasterio es un enorme edificio cuadrado; tiene doscientos seis metros por ciento sesenta y uno, con una torre colosal en cada esquina. La forma básica del monasterio es la de una parrilla* porque San Lorenzo, el santo

parrilla *grill*

cuyo nombre lleva, murió quemado vivo en una especie de parrilla.

Felipe II construyó El Escorial para conmemorar una batalla y también para servir como tumba para su padre, Carlos V y para su bisabuela la reina Isabel I, y desde aquel tiempo todos los reyes de España han sido enterrados en el monasterio con excepción de Felipe V y Fernando VI.

El día uno de abril de 1939, Franco, jefe de las tropas nacionalistas durante la Guerra Civil, decidió construir una catedral para celebrar su victoria sobre el gobierno republicano de España y escogió un lugar a unos pocos kilómetros de El Escorial donde había tenido lugar una de las más sangrientas batallas de la guerra. Llamó a aquel lugar el Valle de los Caídos.

En el año 1959, después de veinte años de trabajo, se abrió al publico la catedral. Es una catedral bastante curiosa porque está debajo de la tierra, dentro de la roca de una montaña. Encima de la montaña hay una cruz enorme que tiene ciento cincuenta metros de alto y que pesa más de doscientas mil toneladas métricas. En la cruz hay una luz muy fuerte que se puede ver desde Madrid.

La catedral, que está debajo de la cruz, es enorme; tiene doscientos cincuenta metros de largo y una cúpula que tiene cuarenta metros de diámetro. Bajo esta cúpula se encuentra el Altar Mayor, y enfrente del altar la tumba de José Antonio, fundador de la Falange Española.

Edifícios moros

En el sur del país, en Andalucía, se encuentran los edificios construidos por los moros que dominaron* esa parte de España desde 711 hasta 1492. En Sevilla, la estrella de Andalucía, están la Catedral, la Giralda y el Alcázar. Cuando los cristianos, bajo el rey Fernando 111, el Santo, se apoderaron* de la ciudad en 1248, destruyeron la mezquita* árabe y construyeron una catedral impresionante sobre los restos. La planta interior de la catedral mide ciento dieciséis metros por setenta y seis, y es la iglesia más grande de Europa después de la catedral de San Pedro en Roma. La tumba de Cristobal Colón, el descubridor de América está en la catedral de Sevilla.

Al lado de la catedral está la Giralda, una impresionante torre árabe que antiguamente formaba parte de la mezquita y que los cristianos no destruyeron. La Giralda tiene noventa y siete metros y medio de altura y es una de las tres torres más altas del mundo árabe. Por dentro de la torre hay una enorme escalera por la que se puede subir a caballo hasta la cumbre.

El Alcázar era el antiguo palacio de los reyes moros. Sus patios y jardines son muy hermosos, sobre todo los patios del León y de las Doncellas.

De la ciudad de Granada los españoles dicen "Quien no ha visto Granada, no ha visto nada" y tienen razón porque en Granada están la Alhambra y el Generalife, dos palacios moros que no tienen igual en el mundo. Los dos palacios, rodeados de jardines, contienen el Patio de los Leones, el Jardín de Daraja, las salas de los Embajadores y de los Abencerrajes y el Patio de los Muertos.

Córdoba, antigua capital del califato árabe, era la ciudad más importante del mundo de aquella época y centro de

dominaron *ruled*

apoderaron *seized*
mezquita *mosque*

rte y cultura. La Mezquita tiene iecinueve naves que van de norte a ur, y más de mil columnas sostienen* l techo. También en esta ciudad se ncuentra el Alcázar que con su Huerta s un buen ejemplo de la arquitectura rabe.

ostienen *support*

Por todas partes en España, en las ciudades y los pueblos, hay cosas interesantes e históricas. Es una lástima* que la mayoría de los turistas que van a España no conocen más que las playas y las ciudades de las costas.

lástima *pity*

Quiz

nswer the following questions:

1. How many tourists visited Spain in 1974?
2. How many British tourists were among them?
3. Where did the majority of tourists go?
4. Why did they go there?
5. What could one visit in Galicia?
6. What could one visit in Asturias?
7. Which part of Spain has the greatest number of historic buildings?
8. Why will Toledo not change much over the years?
9. Why did Toledo become a centre of culture?
10. Who was Doménico Theotocópuli?
11. Which two buildings dominate the Toledo skyline?
12. What is the "Judería" and how did it get its name?
13. What is Toledo famous for today?
14. Which two buildings make Segovia famous?
15. Who built the aqueduct, according to the legend?
16. Where is the Alcázar found?
17. What should the tourist eat in Segovia, and where?
18. How did La Granja get its name?
19. Where was the idea for La Granja copied from?
20. What difficulties did the king meet?
21. What did Isabel Farnesio do when the king was out of the country?
22. What did the king say when he saw the result of her work?
23. Which are the best days to visit La Granja, and why?
24. When does the main door of the palace at Aranjuez open, and why?
25. Which two important monuments near Madrid have their origins in war?
26. How does the shape of El Escorial remind us of the death of a saint?
27. When did Franco decide to build a cathedral to celebrate his victory in the Civil War?
28. Why is it a curious cathedral?
29. What is the size of the cross on top of the cathedral?
30. Who is buried near the High Altar?
31. Where would you go to see Christopher Columbus's tomb?
32. What is the Giralda, and how can you climb it?
33. Why are the Spaniards so proud of Granada?
34. Why was Córdoba important during the period of Moorish occupation?
35. Do tourists really get to know Spain?

¿Qué comen los españoles?

La comida española no figura entre las mejores del mundo, pero cada región tiene sus platos típicos que suélen contener los productos de la región. En Valencia comen paella, que contiene arroz, mariscos* y legumbres, todos productos de la Huerta de Valencia o del Mar Mediterráneo. En Asturiás hacen fabada asturiana, un plato de morcilla* con judías. La morcilla se hace del cerdo y las judías se cultivan mucho en la regíon. A los andaluces les gusta una sopa fría que se llama gazpacho, y que se hace con agua, vinagre, aceite, y varias legumbres. Y todo el mundo en España come tortilla, que se hace con huevos y patatas y se come fría o caliente.

Básicamente los platos españoles son sencillos de preparar.

mariscos *shellfish*
morcilla *black pudding*

Sopa de ajo

Ingredientes y cantidades

Aceite	6 cucharadas
Ajo	3 dientes
Pan	2 barras
Pimentón	1 cucharadita
Agua	$1\frac{1}{2}$ litro
Huevo	1
Sal	

Modo de hacerlo

En una cazuela se pone el aceite, se calienta y se echan los dientes de ajo. Cuando están bien tostados se sacan y se echa el pan, cortado en trozos muy finos, y el pimentón. Se cuece lentamente, dándole vueltas para que se haga por igual, y se añade el agua fría, se sazona con sal y se deja cocer muy despacio unos cinco minutos.

Se bate el huevo y se extiende por encima, se espolvorea* con pan rallado* y se mete en el horno para que se forme corteza. Se sirve en la misma cazuela.

espolvorea *sprinkle*
pan rallado *bread crumbs*

Una paella valenciana

Besugo al horno

ocido madrileño

ngredientes y cantidades

arne de vaca	½ kilo
amón	150 gramos
ocino salado	150 gramos
uesos de caña	2 piezas
arbanzos	300 gramos
atatas	750 gramos
epollo	1 kilo
horizo	150 gramos
ebollas	3
anahorias	2
abo	1
al	

1odo de hacerlo

e ponen en agua los garbanzos la oche anterior con agua templada y sal. or la mañana se lavan y se meten en na bolsa de malla. En una cacerola rande se pone bastante agua, la carne, os huesos y el jamón a fuego vivo. uando empieza a hervir, se echa la olsa con los garbanzos, se añade un oco de sal y se retira a un lado para ue hierva despacio pero sin parar. espués de una hora se añade el tocino, ebollas y zanahorias y se deja hervir espacio durante tres horas, añadiendo gua caliente siempre que sea necesario.

En otra cacerola se pone agua para ocer la verdura, se echa ésta cuando stá hirviendo y se añade un poco de al. Una vez cocida se escurre bien y se ehoga con un poco de aceite, en el ue se freirá antes un diente de ajo. Se nantiene al calor.

Una hora antes de comer se saca l caldo, dejando un poco en la cacerola ara cocer las patatas, que se echarán, ñadiendo el chorizo. Se echa sal y se eja cocer despacio. Las patatas se uecen con el caldo que queda en la acerola.

Relleno

Ingredientes y cantidades

Huevos	3
Pan rallado	100 gramos
Perejil, ajo.	

Modo de hacerlo

Se hace el relleno* batiendo los huevos y añadiéndoles el pan rallado, perejil, ajo picado y un poco de sal, se hacen bolas no muy grandes, que se fríen en aceite muy caliente, dejándolas dorados. Se echan en el cocido a medio cocer las patatas y se dejan hervir hasta que están en su punto.

Se pone a hervir el caldo para hacer la sopa y se echan setenta gramos de pasta de huevo (estrellas, letras, ojo de perdiz, etc.); cuando empieza a hervir se deja cocer cinco minutos y se aparta a un lado del fuego.

Se sirve la sopa en la sopera. En una fuente grande se ponen los garbanzos (sacados de su bolsa), las patatas a un lado y la verdura a otro. En fuente aparte se sirve la carne, tocino, chorizo y jamón con los rellenos.

relleno *stuffing*

Rosquillas de San Isidro

Ingredientes y cantidades

Harina	250 gramos
Azúcar	100 gramos
Levadura*	5 gramos
Aceite frito	5 cucharadas
Huevos	3
Anís	1 copa
Anís en grano	1 cucharadita

Modo de hacerlo

En una fuente se ponen los huevos y el azúcar y se baten fuertemente. Se añaden el aceite frito y frío, los anises tostados y machacados, la copa de anís y la harina con la levadura mezclada. Se remueve bien y se hace una masa blanda que se divide en doce partes. Con las manos se hacen unas bolas y en el centro se hace un agujero para darles forma de rosquillas y se van poniendo en una placa engrasada separadas una de otra.

Se dejan reposar en la placa una hora y luego se bañan con huevo batido y se cuecen a horno fuerte de diez a doce minutos.

levadura *yeast*

Sangría

Ingredientes y cantidades

Vino blanco	2 botellas
Vino tinto	2 botellas
Canela*	1 barrita
Melocotones	1 kilo
Azúcar	150 gramos
Agua	$\frac{1}{4}$ litro

Modo de hacerla

Se pelan los melocotones y se corta en trocitos pequeños; se añade e azúcar y el agua templada y se dej que se derrita* el azúcar. Se ponen e una jarra con hielo las dos clases de vin mezcladas y se añade la barra de canel Se añaden los melocotones con azúcar y se deja macerar* durante un hora.

Al servirla se añaden unos trozo de hielo.

canela *cinnamon*
derrita *melt*
macerar *soa*

Quiz

Answer the following questions:

1. Why does "paella" come from the Valencia region?
2. Why do the people of Andalucía like "gazpacho"?
3. What is the basic characteristic of Spanish food?
4. Would you like "Sopa de ajo"?
5. Which English dish does "cocido madrileño" remind you of?
6. Do we have a cake like "Rosquillas de San Isidro" in Britain?
7. Would you like "Sangría"?

Printed in England by Garnett Print, Rotherham and Londo